Marie-Ange Létoquart

JUIN 1940 - SUR LES ROUTES

Récit

© 2020, Marie-Ange Létoquart

Edition : Books on Demand,
12/14 rond-Point des Champs-Elysées, 75008 Paris
Impression : BoD - Books on Demand, Norderstedt, Allemagne
ISBN : 9782322222346
Dépôt légal : Mai 2020

INTRODUCTION

En juin 1940, "l'exode" entraîna des déplacements de population très importants.

Le texte publié dans ce livre est basé pour l'essentiel sur une lettre adressée en septembre 1940 par l'auteure à son mari, prisonnier en Allemagne.

Elle raconte les bombardements, puis son voyage en voiture à travers la France avec une famille couvrant trois générations: cinq adultes et deux enfants !

L'AUTEURE
Marie-Ange Létoquart, 30 ans, était mère à l'époque de deux enfants, et professeur de lettres au lycée de Valenciennes.
Elle est décédée en 2002.

LA SITUATION
En mai 1940 les bombardements commencent sur Valenciennes. Les enfants, Dominique ("Minou") et Philippe, sont chez les grands parents maternels, à 100 kilomètres.

Raymond, le mari, professeur au même lycée, est mobilisé quelque part dans le Nord. Il sera fait prisonnier à Lille le 31 mai; Marie-Ange ne l'apprendra que fin août. Il restera 5 ans en Allemagne.

Marie-Ange a une très belle écriture, vous le verrez sur les pages qui suivent; et un bon style - normal pour un professeur de lettres ! Ceci en plus de tous ses autres dons, qui apparaissent aussi dans cette histoire!

Ce récit pourra je l'espère intéresser notamment des chercheurs, historiens, sociologues ou autres.

Philippe L. (âgé de 8 mois au début de ce récit!)

As-tu reçu, mon chéri, la lettre que je t'ai écrite avant de quitter Valenciennes, le vendredi 17 mai ? Je te disais ma résolution de partir, malgré le scrupule que j'éprouvais à quitter mon poste. La situation devenait intenable : chacun fuyait cette ville bombardée chaque jour. Des milliers de gens tentaient de prendre le train, d'expédier leurs bagages. Mais la gare n'était accessible que dans les intervalles laissés par les alertes. Il fallait faire queue derrière des centaines de personnes et bien souvent en vain puisque la sirène ne laissait guère que dix minutes de loisir toutes les trois heures !

Dès le jeudi on évaluait à 30.000 le nombre des partis ou partants. Presque tous les magasins étaient fermés et le ravitaillement s'annonçait difficile pour les jours à venir.

Néanmoins le lycée Wallon tenait bon. Dès le jeudi soir, presque tous nos collègues étaient rentrés ; plusieurs arrivaient de Lille où tout était très normal. N'ayant subi aucun bombardement, la grande

ville ignorait tout de notre situation.
Cela explique les réponses stoïques du Rectorat
aux coups de téléphones quotidiens de M.
    : "Que chacun reste à son poste".
Le dernier mot d'ordre avait été cependant
Vendredi matin, à la rentrée des élèves, on
se bornera à faire l'appel, puis on
leur donnera du travail jusqu'à lundi."

C'est avec la plus vive curiosité que
nous attendions cette rentrée du vendredi et
dans l'abri, avant de nous coucher, le
jeudi soir, nous engagions des paris:
"Combien seront-ils ?" Je supposais
un maximum de 15...

Cette dernière nuit dans l'abri, je te
la décris en passant: de nouvelles arrivées
Mme Ruguet, Mlle Sanctorum, Mlle Miserey
m'avaient emprunté l'une un pyjama,
l'autre une couverture, l'autre ma robe de
chambre. En habituée, je leur avais expliqué
les lois du clan et le fonctionnement des
"popotes." Ne voulant pas excéder le nombre de
12 par popotes, il avait été décidé que Mlle

Sanctorum, en dirigerait une dans l'appartement de M. le Proviseur (celle du proviseur fonctionnant chez Mme Cabé). Ainsi parlions-nous en attendant l'extinction des feux. Tout à coup, remue-ménage, M. et Mme Frézouls arrivent ayant l'intention de loger là et ils nous expliquent leur situation. Tandis qu'ils dinaient, vers 7h30, un bombardement avait eu lieu, au pont Vauban et la maison à plusieurs étages et appartements qui se trouvait là était à moitié détruite ; la leur située non loin avait, par l'effet du souffle perdu toutes ses fenêtres; et les portes étaient sorties de leurs gonds. Leur voiture qui était dans la cour avait reçu de nombreux éclats à l'arrière. Ne pouvant loger dans ces courants d'air, ils venaient s'abriter au lycée. Un jeune répétiteur arrive peu après et nous conte qu'il se trouvait dans le tramway lors de ce bombardement. Trois ou quatre bombes étaient tombées de chaque côté du tram. Lui-même s'était couché à plat ventre entre les banquettes...

Notre état d'esprit sans être de la crainte marquait cependant de l'inquiétude. Laquelle de ces alertes marquerait l'heure H soit pour nous-mêmes, soit pour notre maison, soit pour le lycée ? Le vendredi matin, vers 7h, je me risque jusqu'à l'appartement pour me débarbouiller, "être en beauté" à mon poste dès 8h. A peine ai-je commencé le maquillage que les sirènes miaulent et la D.C.A tire. Je crains d'être ensevelie sous la maison, quand j'y suis seule à l'insu de tous et je me hâte de regagner le lycée où au moins je ne serai pas seule. Pour me permettre d'achever ma toilette, Mlle Pezet me dirige vers les chambres de l'infirmerie : "vous aurez lavabo à eau courante et serez bien tranquille"... Ce serait parfait si... lesdites chambres ne se trouvaient à 500m au moins de l'abri, et juste en face de la S.E.R.V.A. qui est une cible magnifique pour l'ennemi. A ce moment encore, légère inquiétude mais cette alerte n'est marquée par aucun bombardement. "Fraîche et rose" aux dires de Monier, je me trouve à 7h45 devant ma classe (j'avais ce jour-là mon chéri, un chapeau bleu pastel et le foulard de même ton, ensemble que tu n'avais jamais vu, bien que je l'aie réservé pour sortir avec toi, les soirs d'été !...) Devant ma classe, à 7h55, pas le moindre élève ; les galerias sont désertes !... Je me dirige donc vers l'entrée du lycée où s'est fait le rassemblement des professeurs. Dehors, timidement, quelques élèves attendent, sans même se risquer à grimper les marches. Il y en a peut-être 25 en tout. Monier se charge de leur donner des noms d'oiseaux en les encourageant à déguerpir. Ils restent cependant... et nous, nous les attendons en haut des marches ! Le surveillant général va cependant les inviter à entrer pour venir chercher du travail et en définitive, c'est 12 élèves sur 1100 qui entreront au lycée ce jour-là.

Vers 9h¼ le proviseur nous réunit et nous apprend que le Recteur, informé, vient de lui réitérer les mêmes ordres; que chacun reste à son poste, sous peine de révocation." A la demande de M?.?... on a cependant admis que les "futures mamans" pourraient partir... jusqu'au lundi. Quant aux autres, qu'ils attendent les instructions! Colle général, protestations énergiques des pères et mères de famille (Poidvin, Monier, Mme Mathis, moi) puis des célibataires apeurés ou peinés d'être séparés des leurs. A la sortie, Monier se déclare résolu à partir et donne le conseil de se mettre nombreux dans la même situation, de façon à éviter tous ennuis. Mme Mathis a "bien envie" d'en faire autant mais... n'ose. On la voit déchirée, épouvantée. Poidvin veut partir. Trézoult a obtenu du proviseur l'autorisation de conduire sa femme près de sa vieille mère et de son fils à Pas en Artois. Il se propose de rentrer à Val le soir même. Moi, je tente de prendre à la gare un billet pour le train de 13h36 vers Lille mais les alertes m'en empêchent. Tandis que j'attends dans l'abri du lycée, M. et Mme Frézouls viennent me proposer une place dans leur voiture. Ils partent vers midi et pourront me déposer à Arras. J'espère arriver à me débrouiller ensuite aussi j'accepte avec joie cette invitation providentielle. Le Proviseur à qui j'annonce la nouvelle ne proteste pas. D'autres (Melles Daurat, Pezet..) m'approuvent. C'est alors, mon chéri, que je te griffonne le petit mot que, peut-être, tu n'as pas reçu. Puis je retourne à l'appartement préparer quelques objets dans une valise (pour Jeanne et pour les petits). Moi-même je me contenterai d'un strict minimum dans une toute petite valise, ayant d'autre part, à porter le sac qui renferme nos papiers les plus importants et aussi... le masque à gaz. Par crainte du pillage, je fais un ballot des vêtements et du linge que j'ai sortis de l'armoire ; le tout entassé en vrac dans un drap de lit est trop lourd à porter. Je le fais glisser en bas de l'escalier et je le traîne jusqu'au fond de la cave. Une alerte m'oblige à regagner le lycée. Là, Melle Sanctorum qui craint, si elle doit rester quelque temps de manquer de vivres pour sa popote (la plupart des commerçants étant partis) me demande si je n'ai pas rien chez elle moi de victuailles. Ensemble nous retournons à l'appartement et nous faisons dans la cuisine une rafle monstre de toutes les provisions. Idem pour les conserves dans l'armoire de la chambre. J'ajoute à tout cela une bouteille de porto entière et ainsi chargées nous repartons, non sans avoir répandu dans l'entrée une grande boîte de café dont les grains parsèmeront notre tapis jusques à... quand ?

Il est presque midi. Je vais prendre quelque nourriture à la popote de Melle Daurat qui a, comme toujours, préparé un joli repas, malgré la débâcle générale. Bel exemple de sang-froid et de gaie crânerie !

Je fais ensuite à chacun mes adieux, un peu émus, je dois l'avouer: car enfin, je pars pour retrouver les enfants mais comment pourrai-je les rejoindre ? Et surtout, je quitte mon poste et c'est un mauvais exemple pour les collègues. Enfin, je me taxe presque d'égoïsme, puisque j'ai la chance de pouvoir partir, tandis que les autres n'ont aucun moyen de le faire. À cela s'ajoute, en moi intime, la pensée de m'éloigner de toi, mon chéri, à l'heure où le danger se rapproche ; et puis l'émotion d'abandonner Valenciennes théâtre de 5 ans de bonheur.

  Fréjouls a préparé sa voiture dans la petite cour du lycée. La glace arrière a été brisée par des éclats d'obus, la veille au soir, d'autres dégâts peu importants mais visibles l'enlaidissent et provoqueront en route des questions curieuses : "D'où venez-vous ? Qu'est-ce qui vous a fait ça ?" Nous voilà prêts au départ. Un matelas a été fixé tant bien que mal sur le toit ; les objets les plus hétéroclites s'entassent dans le fond, je me case comme je puis entre un traversin, un vase de nuit, des masques à gaz et un chapeau. Pour tout bagage : une grande valise où j'ai

rassemblé à la hâte quelques vêtements utiles à Jeanne et aux enfants. Dans une autre petite mallette avec mon cuir qui ne me quitte pas, les titres et mon sac à main (livrets de caisse d'épargne et de famille, papiers d'assurances). Nous quittons la ville en passant le long de l'Esplanade, ce qui me permet de constater le beau vide laissé par ce qui fut la gendarmerie et où je me trouvais huit jours plus tôt 3 heures avant qu'une bombe l'anéantît. Gros dégâts également de l'autre côté du pont Carpeaux. – Nous atteignons la route de Cambrai, mais dès la sortie de Valenciennes un oiseau sinistre plane en direction de la ville et nous suivons des yeux ses évolutions, non sans crainte. A peine avons-nous fait quelques kilomètres que nous tombons dans un transport de troupes. On le côtoie pour le dépasser ; poussière, ordres, contre-ordres, ce n'est qu'un début !... La voiture du Dr Petit se trouve tantôt devant, tantôt derrière nous. Lui aussi prend le large !
Pour atteindre Cambrai, Trézouls a jugé utile

de faire un détour par Solesmes, croyant ainsi pouvoir éviter les convois; peine perdue, nous sommes souvent embouteillés et nous voilà à Caudry obligés de prendre une route de traverse. Le Cateau n'est qu'à quelques kilomètres. On nous dira bientôt que trois chars ennemis "éléments avancés" se sont "égarés" jusqu'à cette ville mais que nos troupes les ont repoussés. Il est pourtant curieux de constater que tous les mouvements de troupes vont dans la même direction que nous. On n'en voit guère "monter" vers ce qui sera bientôt, pensons-nous, le front. Plusieurs fois déjà, nous avons dû quitter la voiture et nous jeter dans les fossés. A Cambrai, une alerte vient de se terminer, une autre recommence quand nous arrivons et un avion survole la rivière et le pont près desquels nous sommes arrêtés. Nous nous engouffrons dans un portail; fausse alerte: c'est un avion allié. Nous repartons et, cette fois, nous voici sur la large route qui mène à Arras. Spectacles lamentables sur les bas-côtés: les réfugiés belges à pied, en charrettes à bras et qui semblent épuisés! Nous, nous pouvons assez bien rouler, mais voici encore un convoi... nous le dépassons puis sommes obligés d'arrêter, 3 avions survolent la route, passent sur nos têtes; moment d'angoisse terrible où peut-être est arrivée notre dernière heure! Je pense à toi, mon chéri, à nos petits, à toute la famille qui ne saura jamais ce que je suis devenue... Mais non! les bombes de ces messieurs tombent quelques km plus loin, sur les troupes ou sur une ville, je ne sais!... Je crois bien que Cambrai a été sérieusement touché à cette heure-là. Sur notre droite nous voyons dans le lointain fumer sans arrêt un puits ou dépôt d'essence. Nous apprenons que Corbehem a été ~~sérieusement bombardé~~ la nuit précédente. Mais qu'est ce que ces préparatifs sur la route? En trois points, avant Arras, les anglais ont disposé en chicane des objets lourds et hétéroclites: charrettes, rouleau de fonte, branchages. Il semble y avoir aussi un léger canon. J'aperçois trois chenillettes qui semblent prêtes à partir. Il faut croire que l'on s'attend à quelque coup dur... Mais vraiment "dur"? Ces puériles défenses paraissent une répétition pour une petite guerre et tout profane juge bien que les redoutables chars ennemis passeraient aussi facilement que nous sur cette belle route droite. Enfin, voici Arras. J'ai prié Trézouls de me déposer près de la gare. Une fois là, j'aviserai... Mais ce n'est pas sans anxiété que je me trouve seule dans cette grande ville; déjà, un signal d'alerte! J'ai eu pourtant le temps de me renseigner à la gare: un train pour Béthune existe vers 6 h.; arrivée là, je devrai, de nouveau "aviser"... La solution la plus simple serait de téléphoner à St Venant pour que Désiré vienne me chercher à la gare le soir. L'alerte m'empêche d'entrer à la poste. L'abri voisin déborde. Tant pis, je me risque à circuler et je me dirige d'abord vers la maison d'Ed. Simon. J'attendrai là-bas la fin de l'alerte et demanderai aussitôt la communication pour St Venant. Mais, qu'est-ce à dire ? La panique semble avoir gagné aussi la ville d'Arras. Partout ce ne sont que maisons fermées, préparatifs de départ. Les gens m'expliquent que les récents bombardements ont fortement impressionné la population. 28 maisons ont été démolies en une soirée. Je constate bientôt de mes propres yeux les dégâts considérables dans les rues avoisinant la rue des Capucins. Ruines, ou spectacle moins terrible mais plus attristant, des lambeaux de rideaux voltigeant par des fenêtres dont les vitres sont brisées, livrant aux curiosités du dehors les lustres, bibelots et objets familiers... Mon cœur se serre quand je songe à notre petit nid valenciennois : que restera-t-il de tout ce que nous avons choisi et installé chez nous avec amour ?... Me voici à la porte des Simon. Bien entendu, on ne répond pas à mon coup de sonnette. La maison doit être déserte. Je reprends mon courage et ma lourde valise. Une autre idée m'est venue : les parents de Mme Renaux pourront m'indiquer peut-être des abonnés au téléphone chez qui je pourrai communiquer avec St Venant. Courset détours en ville pour atteindre la rue du Marché aux Filets. Je passe devant l'hôtel de l'Europe dont il ne reste qu'un semblant de façade, calcinée. Sa destruction a causé grand émoi dans la population : il a été bombardé une heure après le départ (prématuré par chance) les uns disent du duc de Windsor, les autres parlent du duc de Gloucester. Il s'y trouvait de nombreuses personnalités, et l'on raconte la triste aventure d'un Anversois qui avait perdu toute sa fortune (1 million ½) retrouvée ensuite sous les décombres par les pompiers, mais aussi avait vu périr sa femme et sa petite fille.

J'arrive chez M. et Mme Tardieu pour apprendre, par des voisins, que Mme Renaux est toujours à son poste à Lille mais que ses Parents viennent de partir en direction d'Hesdin, emmenant les deux fillettes. Se retrouveront-ils ? Je pense à eux avec angoisse...

Bien fatiguée de porter mes deux valises et le masque et le sac "précieux", je m'arrête quelque temps sur le trottoir pour souffler. Un monsieur compatissant s'informe de mes besoins et je lui fais part des difficultés que j'éprouve à trouver des abonnés au téléphone. Il me mène alors chez un de ses amis, sur la Grand'place. Dans un bureau frais, net, à l'ordre impeccable, j'attends la fin de l'alerte et je me repose. L'heure du train approchant, il me faudra cependant partir sans avoir pu téléphoner, en confiant au monsieur mon message pour St Venant. Me voici en gare : foule, troupes, bagages, impression de cohue, de panique... et me voilà à présent, non sans crainte, sur la voie ferrée qui traverse toutes les mines du Pas de Calais. Arriverai-je à Béthune ? Eh! oui... m'y voici, sans incident. Il est 8h du soir et, bien entendu, je ne vois pas la voiture de Désiré. Plus d'autobus : ils ont tous été requis pour des transports de troupes. Taxis introuvables. Ah! si, pourtant il en passe un qui retourne à Lille (une guimbarde!) et qui accepterait bien de repasser par Haverskerque moyennant une somme si astronomique que je refuse net, préférant aller à pied malgré ma fatigue. Aussitôt s'avance vers moi un tout jeune homme, un "guide" qui s'offre à me chercher une voiture, prend ma valise et m'accompagne en devisant jusqu'à l'autre bout de la ville ; deux de ses camarades, postiers comme lui, se joignent à nous et nous attendons en devisant dans un café, que mon aimable sauveteur soit allé en bicyclette chercher le vieux bonhomme qui assure en camionnette le service postal des villages avoisinants. Vers 9h30, je m'embarque enfin dans un vaste taxi, avec ce bonhomme jovial, sa femme et l'un des postiers dont l'oncle est Baptiste Rollin voisin d'Anne-Marie. En passant à St Venant, il charge sa tante de prévenir de mon retour A. M. qui est déjà couchée. C'est vers 10h du soir que je sonne joyeusement chez Maman, trop heureuse de rejoindre mes petits.

Ils ont été fort mignons, m'assure Jeanne et se sont très bien passés de leur maman pendant ces quatre jours où je les ai quittés. Nina ne s'étonnera pas de me revoir, le lendemain matin.

Pour moi, je suis heureuse de dormir enfin au calme dans un vrai lit et loin des sirènes d'alerte. Ces 3 nuits dans l'abri, à Valenciennes la vie peu sûre que j'y ai menée m'ont déjà mis les nerfs en pelote. Philippe crie-t-il, je crois entendre la sirène ; si une porte claque : c'est la D.C.A. Un oiseau posé sur un fil électrique me donne l'impression d'un avion dans le ciel... et cette nervosité persistera quinze jours.

Me voici au samedi 18 mai ; dans ce havre reposant d'Haverskerque, pourrai-je rester longtemps ? En tout cas, j'ai carte blanche jusqu'au lundi. Peut-être alors tenterai-je de rejoindre Valenciennes pour reprendre mes classes. Pour le moment, je suis très anxieuse d'apprendre si enfin on "les"repousse. Et je suis perpétuellement chez Mme Delfly à écouter les nouvelles au poste de T.S.F. et à consulter fiévreusement la carte. On "les"dit alors à Avesnes et Vervins, le soir à Landrecies et Guise. La poussée vers l'Ouest s'accentue et j'ai de bonnes raisons de croire que les nouvelles nous parviennent avec un certain retard. Le dimanche matin, 19 mai, les nouvelles ne sont pas plus rassurantes. On prétend que nous contenons l'ennemi. J'espère encore un peu qu'il se constituera un front ou bien que l'on parviendra à les repousser d'un bon coup de butoir... Je voudrais tant que certain petit coin de la carte, vers St Amand, ne fasse jamais parler de lui et que tu restes à l'écart du combat ! Et les Belges ! ils tiendront, je l'espère, malgré la prise de Namur et, bientôt de Dinant. Bruxelles est presque atteinte (on parle de Louvain) mais enfin, cela s'arrêtera, cela doit s'arrêter. On parle tant de la bravoure du soldat belge et puis, les encouragements du roi doivent galvaniser ces hommes. "Soldats du fort de Liège, tenez ! tenez jusqu'au bout ! je suis fier de vous."... leur a-t-il crié par la voix des ondes.

Après la grand'messe à laquelle j'ai assisté avec Minou, je suis rejointe chez Mme Delffy par Francine qui est venue m'annoncer que ses parents partent le soir même, d'abord pour Étaples... ensuite, si besoin est, plus loin. à moi qui me trouve dans l'indécision, cette nouvelle me donne l'indication providentielle que j'attends ; depuis la veille au soir j'ai fait pour moi et pour Maman de vagues préparatifs. Il s'agit maintenant d'embarquer, sérieusement ! J'aurai du moins le soutien et le voisinage d'un homme pour me dépanner en route, si besoin est. Puisque Désiré, qui n'est pas froussard, songe à partir, nous partirons aussi avec lui.

Nous déjeunons rapidement ; ensuite avec Vincent et Jeanne, je commence le chargement de l'auto. (Par bonheur les parents de Simone (la jeune bonne de Maman) l'ont fait rechercher le matin même et, si nous n'avons pas son secours, nous n'avons pas non plus le souci d'être responsables à son égard).

Sur le toit de l'auto, nous hissons deux matelas entre lesquels je glisse quelques couvertures, oreillers et draps en prévision à la fois d'un mitraillage possible et surtout d'une pénurie de logement la nuit. Dans le coffre, l'argenterie, des valises, de l'essence. Derrière, un amoncellement de valises et de vêtements. Je réserve la place de droite par derrière pour Maman, de façon à pouvoir la libérer rapidement s'il faut, en cours de route descendre se réfugier dans le fossé. Devant, à côté de moi s'installera Jeanne avec les deux petits car je n'ose confier ni l'un ni l'autre à Maman Frje. On pense aux biberons, on prend pour la route quelques provisions. Sur le toit prend place encore la poussette blanche pour Philippe.

    C'est le cœur gros que nous abandonnons la maison, en y laissant bien des choses. Mais peut-être cela vaut-il mieux. Notre chargement est déjà très lourd. Pourrai-je conduire cette voiture sans accident. Et ne serons-nous pas obligées de la laisser dans un fossé avec tout ce qu'elle contient ? Si nous en prenons davantage, nous en perdrons davantage car c'est bien le sort qui nous attend ! Tel est mon état d'esprit au départ. Enfin, à la grâce de Dieu !

    Nous posons quelques minutes vers 6 heures du soir à St Venant. Partant à cette heure, il nous sera difficile, je crois, de trouver du couchage pour tout le monde à Etaples.

Je propose alors à Désiré et Anne-Marie d'aller moi-même à Desvres pour cette nuit. Je verrai le lendemain, d'après les nouvelles, s'il convient de les rejoindre et de partir avec eux. De toutes façons, ils me rejoindront en route, au moins jusqu'à Chérouanne et me porteront secours s'il m'arrive quelque malheur..... A vrai dire, je ne me sens pas très sûre de moi avec cette carapace inaccoutumée et peu ferme sur le toit de l'auto !... D'autres automobilistes doivent avoir la même impression puisque, sous nos yeux, à Quarbecque l'un d'eux va tout doucement se jeter dans le fossé..... Nous avons le courage d'en rire, tant l'accident a été doux et presque comique. Voilà des gens dont le voyage doit être fini, leur voiture doit être faussée..... Ne pouvant leur être d'aucun secours, nous poursuivons notre route et par un joli soleil couchant sur la paisible campagne nous nous acheminons vers Desvres. Désiré ne nous rejoint pas avant Chérouanne. Peu importe, la voiture semble décidée à bien rouler !

Et G., qu'a-t-il fait dans tout cela ?
G. avait dit à Maman qui comptait sur sa parole : "s'il te fallait un jour quitter Haverskerque, je passerais avec ma voiture chez toi et l'un de nous deux, ... ou moi, te conduirait dans la tienne." — Peu de jours auparavant, ... avait appris au téléphone que les enfants se trouvaient chez Maman et que j'étais rentrée à Valenciennes. Il y avait semble-t-il, quelque responsabilité de la part d'un homme libre et sans charge de famille, à l'égard de sa mère âgée que ni Blanche, ni Désiré, ni moi ne pouvions secourir.
Or, nous avions appris avec une certaine stupeur le samedi 18 mai en téléphonant à Mme Delesalle que ... était parti le matin, sans dire pour où ni par où. Il n'était pas passé par Haverskerque ! Ceux de St Venant et moi-même n'étions pas fort contents du procédé. Mais Maman était convaincue que ... s'était borné à conduire sa femme et ses bagages dans

l'Orne ou ailleurs, avec l'intention de revenir la chercher à Haverskerque. Comme Maman n'avait pu prendre ses titres dans son coffre à Merville et que Désiré pensait revenir dès le lundi à St-Venant pour des expéditions urgentes, on avait laissé à Désiré la clé du coffre et Gérard ayant l'autorisation d'accéder au coffre aurait fait le nécessaire "en revenant"...

Nous voici donc à Desvres où l'on s'inquiétait beaucoup de notre sort. Accueil aimable ; des réfugiés belges ont déjà retenu la 2ᵉ chambre ; qu'importe, on s'arrange en famille. Mes beaux-parents cèdent leur chambre et dormiront en bas, sur des fauteuils à Maman et à moi ; Minou couchera avec tante Nette ; pour Philippe, on installe sur des chaises un lit de fortune. Déjà fatiguées du voyage, nous dormirions très bien si la sirène ne se faisait entendre en pleine nuit et si un avion ne ronronnait avec persistance au dessus de nos têtes pendant un bon moment.

Lundi matin 20 mai nous déjeunons et commentons les nouvelles. Carte en main, mon beau-père et moi considérons toutes les éventualités de la guerre. Nous concluons que je puis attendre quelque temps à Desvres et que je pourrai toujours partir en longeant la côte si l'avance ennemie semblait vouloir se diriger vers Amiens et Abbeville ! Juste à ce moment arrive M. le Doyen qui vient nous informer d'une nouvelle que lui a transmise un vicaire général d'Arras : Mgr Duthoit fait dire que les Allemands sont à Arras et qu'il s'agit d'évacuer au plus tôt. Le clergé doit rester à son poste. Mgr lui-même ne quitte pas Arras.

À cette nouvelle, affolement. Tandis que je recharge ma voiture, une femme (réfugiée sans doute ?) m'offre 5000 f si je consens à l'emmener. Mme Neuville chez qui j'avais garé la voiture me supplie de prendre son jeune garçon. Pour moi, je songe d'abord à la famille. Mais la place est fort limitée dans la voiture. Qui prendre ? Céline seule ? Maman seule ? ou plutôt Grand-maman qui sera moins bousculée avec moi que dans la cohue future. Tante Georgette l'accompagnera et pourra s'occuper d'elle. Mais il me faut procéder à de nouveaux aménagements de bagages, en mettre plus sur le toit et cela prend un certain temps pendant lequel tante Georgette décide grand'maman et rassemble en hâte quelques vêtements. C'est vers 10 h 30 que je passe les prendre. La pauvre grand'maman a le cœur brisé de quitter sa maison. Papa vient nous dire un dernier adieu, tandis que je hisse sur le toit de la voiture les bagages nouveaux. C'est un genre de sport auquel je m'accoutume: il n'y a qu'à grimper sur le capot, ou bien sur le coffre arrière, de là on accède très vite sur les matelas et on peut s'y livrer sans danger à toutes sortes d'acrobaties utiles: ficelages, déficelages. Grâce à une belle pelote de corde donnée par mon beau-père j'ai maintenant un remarquable paquetage, et je me sens prête à filer n'importe où.

— "Où allez-vous ?" me demande mon beau

père, je n'en sais rien du tout !... et suis incapable de fixer mon choix sur un but quelconque. Il est probable que tout est déjà encombré partout. Dès longtemps les alsaciens ont pris les bonnes places ; depuis quelques jours, nombreux sont ceux qui sont partis avant nous !

Néanmoins quelques km après Desvres, j'avoue mon intention de tenter notre chance vers Issoudun et nous voilà sur la route de Montreuil. Campagne paisible, doux soleil du matin ; la route est presque libre et la voiture file ! Mais voici Montreuil et le plus beau des embouteillages. On y stationne une ou deux heures. Maman Fifie réclame à déjeuner, je déclare que le temps presse et que l'on mangera lorsqu'une bonne distance aura été franchie. À la sortie de Montreuil on canalise les voitures et on leur interdit la route d'Abbeville. Nous aurons donc à longer la côte par une route assez étroite. À ce moment commence l'après-midi la plus pénible de notre voyage. La cohorte des réfugiés est indescriptible : voitures se suivant à 10cm, toutes chargées des objets les plus hétéroclites, sur le bas-côté cyclistes ou piétons, belges en grand nombre, venant se faire mobiliser en France, de temps à autre des camions militaires ; parfois des convois venant dans l'autre sens. Sur tous les visages, de l'angoisse, une tension d'esprit visible. Il règne une certaine discipline : en général on suit la file des voitures ; parfois, pris d'impatience, on tente d'en griller deux ou trois. Mais bien souvent on est contraint à de longues pauses. On marche une minute, on doit ensuite s'arrêter 3/4 d'heure. Pourquoi ? Nul ne le sait et chacun maugrée. Que de fois j'ai dû remettre en route la voiture (docile comme si elle comprenait) puis l'arrêter après avoir parcouru trente mètres. Maman demande toujours l'arrêt-buffet. Soutenue par tante Georgette, je refusais obstinément et me bornais à faire circuler les provisions. Chaleur, soif, poussière, odeur d'essence… : et surtout impatience de savoir à quoi l'on va aboutir !… Nous nous souviendrons longtemps de cette route bordée d'arbres! Je me proposais de passer à Bois de Cise voir les Barnier et nous restaurer un peu chez eux. Or nous n'y arrivons qu'à 5 h. du soir et les gendarmes nous interdisent l'accès de la plage à moins de sauf-conduit spécial. Pourquoi ?.. Parachutistes nous dit-on. Nous poursuivons notre route et malgré tout le temps passé, nous ne parcourons guère qu'une dizaine de km en 4 heures! Entre St Valéry où nous sommes vers 7 h le soir et le Tréport, nous nous arrêtons enfin pour prendre quelque repos. A quel endroit exactement avons-nous éprouvé la grande frayeur. Probablement un peu avant St Valéry. Nous avions à droite la mer, à gauche la lisière d'un petit bois. Voiture à l'arrêt, comme cela s'était souvent produit. Nous entendons, venant de la mer le vrombissement de plusieurs avions, ils approchent et l'un d'eux, se détachant, au lieu de traverser la route perpendiculairement fonce au dessus de la file de voitures qu'il survole à 50 m au plus. Nous avons le temps de constater qu'il s'agit d'un allié mais l'émotion a été vive. Au même moment, sur notre gauche résonne le bruit d'une violente canonnade. D'autres avions semblent venir de ce côté. Je suis descendue de la voiture pour écouter ce que disent les gens. Les uns prétendent qu'il faut se dissimuler dans le bois, les autres affirment que c'est plus dangereux. Je reviens à la voiture où les deux enfants dorment sur les genoux de Jeanne et de tante Georgette. Faut-il faire descendre tout le monde ? Je suis affolée de ma responsabilité et je retourne vers les "on-dit". A ce moment, le bruit d'avions venant de la terre se rapproche. Que faire ? Est-il temps encore de retourner et de les faire descendre ? Où sont les risques ? Sur la route ? Dans le bois ? Je n'ai plus maintenant que le temps de faire moi-même du plat ventre dans le bois où chacun est affolé. L'avion passe et la canonnade se tait... Vite, je retourne à la voiture et on repart !

C'est le soir, donc à la tombée de la nuit que, dans un café du bord de la route nous mangeons pour la première fois au calme. Nous faisons réchauffer le bouillon que Maman Mie avait emporté dans des bouteilles, nous préparons du lait pour les petits. On emmaillotte Philippe pour la nuit, tout cela à la lueur d'une bougie car le courant est coupé depuis le matin où, paraît-il, une bombe est tombée sur la centrale béthunoise. J'ai déjà résolu en moi-même de rouler une bonne partie de la nuit pour parcourir plus à l'aise une plus longue distance. Je prends alors le temps de regrimper sur le toit de la voiture, d'y prendre les couvertures (une par personne) d'y ficeler la banquette arrière de la voiture que je remplacerai à l'arrière par des valises et le matelas du petit, de façon à faire plus de place pour les jambes des personnes assises là et que les valises gênaient beaucoup. Il est presque 10h du soir lorsque la voiture se remet en marche, chacun chaudement vêtu et nanti de mes recommandations : "dormez en paix". Il est certain

qu'à présent beaucoup de personnes ont cherché un asile pour la nuit, la route est presque libre. Il faut rouler sans lumière mais la Lune éclaire suffisamment pour permettre d'éviter les accrochages.
Tâchons, maintenant d'atteindre Dieppe, puis Rouen.

Les incidents seront peu nombreux mais marquants. Les uns de cause naturelle pour des automobilistes en randonnée nocturne : un pont que l'on ne voit pas et qui vous oblige soudain à une dangereuse embardée ; ailleurs, l'obligation de refaire le plein d'essence, ce qui n'est pas trop commode lorsque l'on n'est qu'entre femmes et que les bouchons sont solidement vissés ; d'autres fois, la gêne d'une file de voitures ou d'un poids lourd qui encombre la route et ne veut pas entendre les coups de klaxon.
Et toujours, au fond, pour le chauffeur, le sentiment d'une grosse responsabilité envers sa charrette d'innocents dont les uns dorment, dont les autres, plus avertis, sont à l'affût de ce qui pourrait bien arriver.

Car il pourrait arriver, il aurait pu arriver bien des choses! – Grosse émotion notamment, lorsque, vers 2h½ du matin, après avoir stoppé quelques minutes tandis qu'un avion rôdait au dessus de nos têtes, nous nous voyons soudain arrêtées par un groupe d'hommes brandissant des lampes de poche : "Vos papiers? madame!" – "Pardon, messieurs, montrez-moi les-vôtres d'abord; à quel titre me les demandez-vous les premiers?" Car l'idée romanesque a surgi dans nos esprits que ces bonhommes pourraient bien être des parachutistes et même je le leur avoue en riant lorsqu'ils m'ont déclaré faire partie de "la garde civile" de St Nicolas de ….. "Oh! m'affirment-ils, il y a plus de parachutistes qu'on ne le croit; nous venons de faire 3 km au pas de course pour tâcher sans y réussir d'en pincer un qui est descendu sous nos yeux dans la campagne, il y a une heure." Me voilà, cette fois, sérieusement inquiète : ces monstres de parachutistes ne vont-ils pas "réquisitionner" ma voiture après m'en avoir fait descendre revolver au poing. Mais la "garde civile" me rassure : "ils" ont, paraît-il, tout ce qu'il faut comme moyens de transport: bicyclettes, motos démontables et "ils" se compromettent le moins possible. On me donne également des indications sur la route à suivre et je repars, dans cette fraîche, irréelle lueur nocturne dont tout le paysage semble ensorcelé. La voiture est docile, amicale. La route l'est moins... car il m'a fallu prendre un chemin détourné qui m'oblige à une trentaine de km supplémentaires en des pays aux noms bien normands et pittoresques mais royalement inconnus du public. De temps à autre, je descends à un tournant, brandis ma lampe de poche vers les poteaux indicateurs, ou bien je consulte quelque autre automobiliste aussi embarrassé que moi. Brusque émotion dans une petite agglomération : cette fois c'est un militaire casqué qui m'arrête et d'un ton impératif mais mystérieux me conseille : "rangez la voiture sur le bas-côté de la route et restez-y tous phares éteints" ce à quoi j'obtempère docilement. Nous nous demandons alors ce que cela veut dire. Le type a parlé français, mais il était au carrefour d'une route de gauche ; il semble attendre quelque chose de ce côté-là. Est-ce un des leurs ? Est-ce "eux" qu'il attend ? Allons-nous être prises au piège ? Je ne puis rester plus longtemps dans l'incertitude. Tante Georgette et Jeanne sont toutes surprises de me voir soudain descendre, aborder le soldat et conférer avec lui. Elles sont persuadées que nous sommes "brûlées" et craignent qu'il ne m'arrive malheur. Mais non, encore une fois il s'agit d'un bon français. Il m'apprend que la situation est grave pour Amiens et Abbeville : tout brûle là-bas ! Les deux villes sont prises. On ne pourra plus franchir la Somme. Quant à moi, paraît-il, je suis libre de poursuivre ma route si je veux ; il avait cru me donner un conseil de prudence à cette heure avancée de la nuit. Je proteste que je veux surtout franchir au plus vite la Seine et pour cela atteindre Rouen. Je repars donc et ce n'est que vers 4h du matin que je décide de stopper pour prendre quelque repos. Rouen n'est plus qu'à une douzaine de km ; il vaut mieux n'y pas arriver la nuit pour ne pas risquer un bombardement. Voici justement un paisible petit bois. J'arrête sur le bas-côté, appuie ma tête contre la portière et m'endors instantanément. Grand'maman à côté de moi a beaucoup somnolé. Maman Mie a dû dormir aussi. Les "jeunes" n'ont cessé d'être inquiètes mais se sont tues. Elles ne dormiront pas davantage à cette heure, d'autant plus que les enfants s'éveillent : et que Minou roupète ; et que Philippe grogne un peu. Moi, je dors, béatement !... Une heure plus tard, à cinq heures, frissons du réveil, étonnement d'être là, de voir le jour, d'entendre les oiseaux chanter, joie de penser : j'ai dormi un peu mais il n'est rien arrivé. Une charrette de paysan passe en grinçant. Le brave homme va au marché. Heureux pays qui ne connaissent pas la guerre, chez qui la guerre ne viendra pas !

Mais, en route ! Et nous atteignons bientôt Rouen juste à l'heure où un garagiste commence une distribution d'essence. L'aubaine est tellement rare, mon moteur si assoiffé que je crains de n'être pas servie si je n'en profite aussitôt. Et ici, se place "sous le signe" de l'énervement une algarade avec un belge d'allure équivoque mi-civil, mi-officier et qui veut se faire servir avant moi tandis que je l'avais précédé. Je crois utile de lui rappeler la galanterie et Grand'maman est suffoquée de mon audace : "Vous semblez être officier, monsieur ! ce n'est pas à vous qu'il faudrait rappeler la galanterie, et si vous croyez que c'est un titre pour passer avant moi, je vous dirai que mon mari est officier aussi ; mais il n'est pas à Rouen, lui ; il est en première ligne !..." Tandis qu'il encaisse froidement, puis entre chez le garagiste donner sa signature, un de ses acolytes m'apprend qu'il s'agit d'un chirurgien belge, pressé de se rendre au chevet des blessés, qqp. en Normandie : "le Dr Matheys" paraît-il...

Nous voici dans Rouen, au petit jour. J'avise un petit bar où, avec avidité, nous prendrons croissants et café-crème. J'y prépare les biberons de Philippe. Nous faisons un semblant de toilette sans réussir toutefois à paraître lavées et coiffées. Minou a descendu avec lui l'ours "Martin" et l'oubliera sans que personne s'en aperçoive. C'est beaucoup plus tard que, par recoupements, nous saurons que nous avons perdu là-bas un de nos "enfants". - La rumeur publique ne nous apprend pas grand chose des événements. Jusqu'à ce jour, Rouen, paraît-il, a eu des alertes mais pas de bombardements.

Après un rapide tour en ville, dans cette atmosphère joyeuse des matins de soleil sur les pavés encore humides, tandis que s'ouvrent les magasins que les écolières vont à leurs cours et que les marchandes de fleurs retapent les bouquets de la veille à leur étal du coin de rue, nous gagnons les quais déjà bruissants du travail coutumier (chargement des péniches) mais encombrés d'une quadruple file de voitures. Des agents s'efforcent de canaliser cette foule et ne font que nous immobiliser une heure en ce point particulièrement menacé de la grande ville. C'est avec un soupir de soulagement que je sors enfin de la cohue et je ne puis croire à ma chance lorsque je vois devant moi une route libre. Où mène-t-elle ? J'ai vaguement l'intention de prendre par Evreux,

Dreux, Chartres afin d'atteindre Issoudun.
Et je me dirige vers Evreux.. Il est dit que les routes les plus directes nous sont interdites car bientôt, l'on nous oblige encore à un détour. Et c'est de nouveau, la cohue. Aux automobiles se mêlent à présent les convois lamentables qui viennent des campagnes de la Somme : grands chariots à quatre roues sur lesquels sont entassés quelques chaises et ustensiles de ménage ; des femmes y sont assises, un mouchoir sur la tête, l'air placide et absent ; les hommes, à pied, surveillent la marche des chevaux qui par groupe de cinq ou six suivent le chariot. Parfois même des vaches et des veaux. On se demande s'ils ne vont pas à la foire... il y a en effet de paisibles campagnards normands, qui se rendent dans les gros bourgs voisins pour leurs affaires coutumières et que tout ce trafic doit bien gêner.
Un des ponts que nous traversons alors sur la Seine est déjà muni d'un dispositif de défense qui nous fait réfléchir. Le danger n'est donc pas aussi lointain que nous le pensions.

Nous atteignons Evreux vers 10h après avoir admiré la jolie campagne de cette région. Par curiosité, je vais au centre d'accueil des réfugiés, à l'Hôtel de Ville. J'y laisse une fiche destinée à signaler notre passage à nos parents et amis, s'ils nous recherchent. De grandes pancartes spécifient, pour chaque département évacué le ou les départements de refuge. L'Indre est celui du Bas-Rhin; il y a sans doute encombrement par là, depuis septembre 39; conformons-nous aux instructions puisque le Nord doit se rendre en Bretagne et la région de Valenciennes à St Brieuc. Nous irons donc à St Brieuc.

Pique-nique dans un café près de la gare d'Evreux. Je me rends à la cantine de cette gare où stationnent des infirmières et je me mets en devoir de nettoyer mes biberons et d'en préparer de nouveaux avec de l'eau soigneusement bouillie qu'elles ont à cet effet. Comme la voiture aussi a soif, je la satisfais à son tour près d'une pompe à essence et nous repartons. Il nous faudra passer par Argentan, Alençon.

C'est par hasard que, vers 2 heures, sur une grand'route, je vois un poteau indicateur signalant : - 7km" Or, c'est là que le proviseur et sa famille doivent se réfugier. Je ne crois pas perdre de temps en faisant y voir. En effet, je trouve la famille dans une maison que Mme vient d'avoir en héritage d'une tante. M^r me rassure sur la "légalité" de mon départ. La permission de quitter Valenciennes a été accordée par le Recteur quelques heures après mon propre départ. Il me met au courant des incidents de son voyage, m'apprend que M^elles Pezet et Fromont se trouvent également à . - Mr Hartmann et sa petite famille viennent aussi de s'y installer. Ne voulant pas mendier du proviseur une aide que, malgré sa grande amabilité, il ne m'offre pas, je déclare me rendre à Bagnoles et je prends congé. Pendant cette halte, une pluie d'orage a lavé la voiture et percé les matelas insuffisamment protégés. Comme il est déjà 5 heures, je décide de chercher du logement à Argentan. J'aviserai le lendemain à un départ pour Bagnoles ou ailleurs. Les hôtels de la ville sont bondés, me répond une jeune servante de l'Hôtel du Donjon. La seule ressource est de loger chez l'habitant. Elle me conseille alors de sonner chez une personne très utile, très charitable qui demeure chez Me Beurrier, avoué. Et c'est ainsi que la Providence me fera connaître Mme C. . Je saurai le lendemain que cette jeune femme a cinq jeunes enfants, est mariée avec un docteur mobilisé à Argentan et qu'elle a loué chez cet avoué, depuis le début de la guerre, une partie de la maison, meublée, afin de se rapprocher de son mari, mobilisé à l'hôpital d'Argentan. Je fais connaissance avec elle à la porte, parle aussi à l'une de ses soeurs qu'elle héberge avec son bébé ; je vois aussitôt qu'il s'agit là d'une femme au grand coeur... mais elle ne peut rien faire pour moi car tous les lits sont occupés et même "dédoublés" en faveur d'autres réfugiés. Arrive alors la dactylo de Me Beurrier, Mlle Deschamps, qui m'offre un lit chez elle, pour deux personnes et des matelas à terre dans son salon si cela

peut me convenir. J'accepte avec empressement.
Nous passerons cinq nuits dans cette maison
hospitalière. La chambre du haut, toute petite,
est réservée à Grand'Maman et tante Georgette.
En bas, deux matelas couvriront toute la surface
libre du salon et nous y prendrons place
Maman, Minou, Jeanne et moi. Pour Philippe,
sur deux chaises, un traversin fera office de
petit lit et le bébé prend très bien les choses.
La voiture est remisée dans un hangar.
Mme Deschamps met à notre disposition sa salle à
manger où nous ne prendrons que quelques
repas (le reste au restaurant) car nous n'avons pas le temps de faire
les courses ni la cuisine et Jeanne a trop à
faire avec les enfants à soigner, les couches
de Philippe à laver etc... Grand'maman
trouve là un halte reposant après toutes ces
fatigues. Le jardin s'offre à elle et aux petits
pour prendre l'air et le soleil. Maître Minou,
lui, n'est guère satisfait au début. Le premier
soir, dans le salon de Mme Deschamps, en sa
présence, il a déclaré avec des larmes et des
hurlements: Je veux retourner à Valenciennes, aussi

un petit lit. C'est pas beau, ici ! C'est pas comme à Valenciennes !..." Et, en effet, c'est plutôt inconfortable. Une fois les valises introduites dans ce qui nous sert de chambre, nous ne savons plus où poser le pied et c'est un sport que de caser "quelque part à terre" une cuvette lorsque l'on veut se débarbouiller le matin.

Aussi le problème se pose-t-il avec acuité de trouver un logement plus stable. Car nous nous croyons en sécurité là-bas. Il ne semble pas possible qu'un jour la Seine soit franchie. "On les arrêtera" quelque part, pensons-nous. Et les nouvelles de la radio ne démentent pas cet espoir. Les nouvelles sont, à vrai dire, plutôt évasives. Jusqu'alors la lutte se poursuit surtout en Belgique et dans l'Est. Je regarde anxieusement la carte et, sur la carte, avec un égoïsme assez compréhensible, le petit coin situé entre St Amand et Tournai. Puisse la lutte ne jamais avoir lieu dans ce coin-là. "Qu'il soit préservé ! qu'il me revienne !"

Ces pensées, cette tristesse m'accompagnent dans les tournées que j'entreprends alors aux environs

mai d'Argentan, et, tout d'abord, à Bagnoles de
l'Orne où j'emmène Minou, Maman Mie
et Tante Georgette. Jolie promenade, joie, malgré
tout, de revoir le cadre de nos promenades;
assaut de souvenirs mêlés... mais tout est com-
blé même, et surtout "aux Lierres" où je reçois
un accueil assez aimable. Au retour, je
m'arrête à la Ferté-Macé (dont la place me
rappelle certain marché d'où mon jeune mari
me rapporta un melon savoureux et une description humoristique des marchands de beurre!)
Je vais voir le Doyen du lieu qui cherche en
son esprit et parmi ses bons paroissiens s'il
n'y aurait pas ce que je désire; mais cela, en
vain. Démarches semblables à Écouché, petit
bourg sur le chemin de retour. Visite au notaire
qui n'a rien, visite à la mairie etc...

ai Le lendemain jeudi, dès le matin, en route
pour Mortrée où je reçois un très bon accueil
du notaire, de vagues espoirs... qui seront
encore vains. J'y rencontre la famille B
qui me parle d'une maison vide à Louertroff.
Je vois aussi Mselles Pezet et Fromont logées

à l'étroit dans une chambre très rustique où une tablette de 50cm2 leur tient lieu de bureau d'économat; en effet, les registres et états de paiement y trônent et donnent bon espoir "qu'à la fin du mois l'on touche." Chacun s'inquiète de ton sort; je dois avouer avec tristesse que je ne sais rien et que je doute fort de te faire savoir moi-même où je suis.

Mais il faut continuer à rouler, à chercher!... Je sonne de nouveau chez Mme C. et je dois lui avouer mon embarras. La bonne âme décide de me venir en aide; le lendemain vendredi, elle part de bon matin avec moi; tante Georgette nous accompagne et aussi deux des petites filles de Mme C. Direction "Putanges" où, le nom du docteur est connu et béni de tous; il y a quelque espoir avec cette puissante recommandation, d'être bien accueilli. Hélas! dans Putanges même, rien à faire. Il nous faudra descendre jusque dans un bled au doux nom de "Noirville", coin charmant pour des disciples sincères de Rousseau mais où l'on entrevoit déjà ce que doit être l'hiver

Mme C... m'y déniche une chaumière, près d'une famille au grand coeur ; l'aspect des lieux est loin d'être engageant. On se pose une foule de questions (lits, feu, eau, water) qui ne reçoivent que des solutions d'infortune. Mme C... essaie de me peindre les délices de la vie à la campagne... Bref, il se pourrait que la chose se décidât ! mais c'est le coeur très gros que nous quittons ce patelin, tante Georgette et moi. Faudra-t-il, vraiment, vivre là ! si loin de tout, de tout, même du boulanger ! Comme diversion, Mme C... nous emmène pique-niquer chez elle, à Pont-Écrépin, près de Putanges et nous reprenons le chemin d'Argentan !... Elle nous fait visiter l'orphelinat salésien de .... dont le directeur le Père Pansart nous accueille très bien, avec toute l'amitié qu'il porte à la famille C... . Cette journée est très importante du point de vue de l'amitié puisqu'elle m'a permis de sympathiser très profondément avec Mme C..., chrétienne magnifique, maman admirable qui se confie fraternellement à moi et qui, de son côté, sait comprendre ma peine et veut m'aider efficacement. Au retour, à Argentan, sa sœur nous apprend qu'un menuisier d'Occagnes, apprenant que le D͞r C. s'intéressait à des réfugiés, a une maison meublée à louer. On nous en fait une description sommaire !... et nous bondissons jusque là, dernière chance d'échapper à la réclusion en Foirville. Nous trouvons une maisonnette dont l'allure rappelle les "estaminets" du Nord : vaste salle basse à portes vitrées ; à côté petit débarras avec évier et batterie de cuisine ; au rez de chaussée également, petite pièce sommairement meublée où se trouve l'escalier. En haut, deux petites chambres et une grande à deux lits. Grand jardin, garage (du moins l'on débarrasse une remise pour en faire un garage) puits avec eau très pure (l'eau à domicile, quelle rareté dans ce pays !) Location conclue à 300f par mois. Nos propriétaires sont gens fort aimables et Minou se fait déjà gâter par Mme Joubin qui, par sa douceur, l'a séduit.

Nous rentrons, ce soir-là, un peu plus heureux,

chez Mme Deschamps. Je suis esquintée, les
nerfs à bout, de tout ce que j'ai fait et vu
depuis huit jours; mais j'entrevois le havre
de repos. Notre installation à Occagnes se
fera le dimanche mai 26 mai.
Je passe les détails de redéménagement et
de remménagement! Chacun trouvera son coin
là-bas: tante Georgette et grand'maman dans
la petite chambre devant, Jeanne dans celle de
derrière; Maman, les enfants et moi dans la
grande; Minou couchera avec moi; Philippe sur
son traversin, sur des chaises. Je songe à lui faire
faire un berceau pliant; mais il n'est pas

[plan: bas — salle, débarras, évier, table, cheminée, chaise, buffet, cuisinière]
[plan: 1er étage — g'man, Jeanne, couloir, 1, 1, Phil., 3, M. mije; 1 lit, 3 armoires, 2 machine à coudre]

mécontent des chaises qu'il a en haut et de la
chaise longue sur laquelle on l'installe dans
la journée; il y reste bien tranquille, à
dormir ou à sourire, charmant bébé

qui ne s'assied pas encore seul, et que l'on peut laisser dans son coin sans qu'il réclame une surveillance incessante. Il suit des yeux les mouvements de tous, sourit quand on le regarde, console par sa présence les plus affligées c'est-à-dire grand'maman et moi. Minou, lui, a tout le jardin pour s'ébattre l'air très vif lui a donné des coups de soleil. Aussi bientôt va-t-on l'équiper en petit paysan : des sabots s'useront moins vite que son unique paire de souliers, des tabliers confectionnés par tante Georgette protégeront les culottes enfin un chapeau de soleil lui permettra de rester dehors à toute heure. Il s'amusera avec un petit seau, des moules, des boîtes ; fabriquera des soupes fantaisistes avec de l'herbe pour sa maman, "du café" pour les poules... car nous avons des poules, au nombre de 10 qui nous pondent une moyenne de 3 œufs par jour et qui sont une grande distraction pour Minou. C'est la vie rurale pour chacun de nous ; à tour de rôle nous tirons l'eau du puits ; nous faisons nos débuts en jardinage en repignant des laitues et des tomates. Tante Georgette et Jeanne scient et cassent du bois pour la cuisinière. Tout ce côté idyllique a son revers, pour Jeanne surtout qui n'a guère de commodités pour les lessives : auges immenses qu'il faut remplir de l'eau du puits, installation de plein air pénible par forte chaleur. - Grand'maman et maman Mie assument les corvées de légumes et de vaisselle. Je fais les courses, les comptes et je m'occupe entièrement des petits. Les courses m'obligent souvent à prendre la voiture pour Argentan (5 km) C'est ainsi que le 28 mai au matin, j'apprendrai avec stupeur par Mme Deschamps la capitulation du roi des Belges. Dès lors je vivrai chaque jour dans l'attente des journaux et du courrier... pour savoir ! Or, ils n'arrivent qu'à 2h ou 3h de l'après-midi ; et il n'y a jamais de lettre intéressante et les journaux nous font toujours espérer la victoire ! Il est certain néanmoins que, dès ce moment la situation est très grave, surtout pour vous, frontaliers du Nord.

Le poste de T.S.F. d'une voisine est assez fort pour que de la rue on puisse entendre les nouvelles ; je prendrai bientôt l'habitude d'écouter le communiqué devant sa fenêtre ouverte ; c'est ainsi que, jour après jour, je suivrai la retraite de l'armée des Flandres. Quelle anxiété pour moi lorsque j'entends dépeindre les bombardements de ces vaillantes troupes qui, tout d'abord, se replient sur la Lys, puis se défendent aux monts de Flandre, enfin gagnent Dunkerque où ils embarquent au prix de quels périls ! Il y a aussi, nous dit-on, quelques groupes d'armée que l'on a sacrifiés afin qu'ils protègent, de flanc, la retraite des autres. Où es-tu, toi, dans tout cela ? Embarqué, sauvé ? Blessé peut-être et soigné en Angleterre. Telle est l'opinion la plus optimiste que j'adopterais volontiers ! Ainsi, à condition que la blessure ne soit pas grave, tu pourrais éviter d'autres combats plus meurtriers sur le front que l'on reforme avec les troupes revenues d'Angleterre ! Oui ! mais... ne serais-tu pas dans les troupes "sacrifiées ?" Et de quel sacrifice

veut-on parler ? Vie ? liberté ? La vie !
Que de fois tu as été en danger de la
perdre ! J'essaie de l'imaginer d'après ce
que nous disent les journaux mais il y a
tant d'hypothèses à faire ! Mon "appareil
de télépathie" avec toi fonctionne avec affolement
et ne me dit rien qui vaille. Impossible
de te <u>sentir</u> vivant ou mort ! Je me dis
que si tu étais mort je le <u>saurais</u> par
intuition, par "communication d'esprits", cela,
je crois en être sûre. Mais, raisonnablement,
on ne doit pas compter sur ces impondé-
rables – et, ce qui serait préférable à tout,
ce serait une carte de toi, un indice
quelconque me permettant de savoir ce qu'est
devenu ton secteur, et ce que tu es devenu
toi-même. Hélas ! j'écris à tous les offices
de renseignements et je ne reçois aucune
réponse.

Même incertitude concernant ta famille
dont nous ignorons si elle a pu quitter Deuves.
Aucune communication postale ; les bruits les
plus fantaisistes (p. ex. sur l'évacuation totale du

Boulonnais par sous-marin jusqu'à Cherbourg)
Aucune nouvelle de Blanche, des tantes, d'Anne-
Marie !... Serons-nous tous vivants ? Où ont-ils
pu échouer, tous et chacun !
Seul Ge   nous donne signe de vie ; il a pu
apprendre par le Recteur de Caen (je crois) où
je me trouvais réfugiée et nous le voyons, un
jour de pluie, arriver à Occagnes avec sa femme.
Je lui réserve un accueil dont il se souviendra
longtemps, je crois, car il me semble avoir
grand besoin d'une leçon. Il affirme "n'avoir
jamais promis à Maman de l'emmener en cas
d'évacuation". et il se défend tant bien que
mal contre mes reproches. Il nous quitte peu
après, rassuré sur le sort de maman et
tâchant par beaucoup d'amabilités de se concilier
les bonnes grâces de Minou lequel, levé
cet après-midi là d'assez méchante humeur
a déclaré en descendant : "Je ne connais plus
personne !"... (ce qui me fait sourire in-petto ;
tu as raison, mon bonhomme, de ne pas
connaître ceux qui ne t'ont pas connu pour
leur neveux et n'ont pas voulu s'embarrasser

de toi alors qu'ils te savaient seul avec ton petit frère, sans ton papa, ni ta maman dans une région qu'ils jugeaient plus prudent pour eux et pour leurs biens matériels d'évacuer ; heureusement qu'il y a eu la Providence pour me ramener près de vous, mes petits, et nous permettre de partir tous ensemble!)

Mes occupations à Occagnes : je t'en ai parlé : enfants, courses, journaux, tricot, travaux divers...

Et le temps passe et je suis toujours sans nouvelles ! J'ai pourtant rencontré chez le Dr G... un rescapé d'Angleterre, l'adjudant Fleuret du 54°, qui te connaît mais ne peut me renseigner ni sur toi, ni sur ta Cie. J'ai pourtant déposé à la cantine de la gare d'Argentan, bien en évidence, une carte mentionnant ton nom, ton unité et mon adresse, avec demande de renseignements : car on m'a dit que presque tous les rescapés repassaient par Argentan. Je vais voir presque chaque jour à cette cantine s'il n'y a pas de réponse, mais

c'est toujours en vain !
Et le temps passe ! et l'invasion se poursuit rapidement. Les voici qui atteignent Rouen ! La Seine va les arrêter, espérons-le ! Hélas, tout ce que l'on apprend dément cet espoir 11 juin ; nous célébrons avec tristesse l'anniversaire de Gd maman (81 ans) et le mien. Je sais que tu penses à moi ce jour là (car je te crois vivant) et j'accueille comme venant de toi les prévenances dont m'entoure Mme G. dans la visite que je lui fais ce jour là : un bouquet d'œillets, une cigarette (justement des woodbine, celles que tu m'offrais !) mais nous ne pouvons guère plaisanter car la question se pose de partir et Mme G. me demande mon avis ; je ne veux pas m'affoler. Son mari pense, comme moi qu'il faut attendre le communiqué du soir. A vrai dire, j'attends encore "l'inspiration". Or, (toujours la providence) à peine rentrée à Occagnes ce lundi 10 juin, je reçois un mot de Melle Pezet m'avertissant qu'elle quitte Mortrée pour l'Ariège et que Mr B.

emmène sa famille à Auch. De tels exemples me semblent une invite à partir moi aussi et je prépare les esprits, surtout celui de Grand'maman, à envisager un nouvel exode. Nous sommes placés là sur une route nationale ; Rouen n'est pas loin. Il se peut que dans deux jours nous voyions paraître les premiers éléments motorisés. Si on "les" arrête sur la Loire, la France sera coupée en deux ; à supposer que la situation se prolonge plusieurs années, je vois nos finances bien compromises car je n'espère pas recevoir d'eux, mon traitement. Enfin, il y a toujours le risque d'une bataille dans nos parages. Toutes ces raisons ne décident pas grand' maman qui affirme : "nulle part, vous ne serez mieux qu'ici ; beau logement, grand air etc..." mais elle doit bien se résigner ; j'affirme encore, d'ailleurs, que ce départ reste problématique

Mais dès le mardi matin, au "conseil" qui nous réunit chez le Dr G.   , il nous conseille de faire les préparatifs voulus. Un coup de

téléphone que je donnerai à sa femme dans l'après-midi fixera définitivement l'heure du départ. En théorie cette heure est fixée pour le lendemain à 10h. Le Dr C..., mobilisé à l'hôpital d'Argentan doit rester à son poste. Mais il préfère savoir en lieu sûr sa femme et les 5 petits enfants (dont l'aînée a 7ans). Suivront le mouvement les deux sœurs et la mère de Mme ; l'une de ces sœurs attend un bébé pour la mi-juillet, l'autre a un bébé de 4 mois et en attend un second (2e mois de grossesse). Tout ce monde, hébergé chez Mme C.. mais la traitant avec une grossière désinvolture dont elle se révolte et dont elle souffre mais qu'elle se croit forcée de subir par esprit de famille.
Toutes ces dames sont affolées par une alerte qui a eu lieu la nuit précédente à Argentan ; deux bombes sont tombées paraît-il et elles se croient déjà mortes, elles et leurs rejetons pour avoir entendu tonner la D.C.A. Dans cette agitation seuls le Dr et moi-même

gardons un peu de calme et c'est ensemble que, sans fixer encore d'une façon ferme le départ, nous étudions sur la carte les itinéraires possibles. Nous nous communiquons les-uns aux autres des adresses de gens qui nous serviront de repère si nous nous perdions. J'envisage à Toulouse un refuge ou une aide chez la mère d'une de mes élèves valenciennoises qui m'a écrit gentiment à Occagnes. J'ai aussi l'adresse de Mlle Pezet, dans l'Ariège. Mme C. me donne ~~aussi~~ plusieurs adresses dont l'une aux environs de Rodez. A tout hasard, je déclare que je ferai suivre mon courrier à la poste restante, à Rodez; nous nous quittons donc avec les grandes lignes d'un plan de départ mais sans avoir pris de décision ferme. Mme C. est malade de peur. Elle a déjà emmené ses enfants dans sa maison de Pt Ecrepin qu'elle croit plus à l'abri des bombardements. Elle déménage le linge et les objets qui sont en son meublé d'Argentan. Si nous partons, c'est à Putanges-Pont-Ecrepin que je devrai la

rejoindre, le lendemain à 4h du matin.
Je lui donne quelques conseils sur les choses à emporter, la façon de faire un paquetage, car elle est absolument perdue et laisse sa jeune bonne brasser et empiler au hasard tout ce qui lui tombe sous la main. Ses sœurs et sa mère ne s'occupent que de leurs propres affaires. Elle leur prêtera une de ses voitures mais on lui a déjà fait entendre qu'elle ait à se débrouiller seule dans l'autre voiture, avec toute sa marmaille (or la petite dernière a 4 mois½) je lui offre donc de me reprendre mon hamac qui ne peut s'adapter à la voiture de Maman et qui la débarrassera du souci de son bébé. Je n'ose lui offrir ni Jeanne, ni tante Georgette, toutes deux m'étant indispensables pour tenir les enfants tandis que je conduis et je veux surtout éviter de perdre l'une ou l'autre si par hasard nos voitures s'égaraient. Mais c'est bien triste que je pense à la situation de cette pauvre femme qui, pour la première fois va quitter son mari et aura seule, la responsabilité de ses cinq marmots.

Je retourne donc à Occagnes, en bicyclette, vers midi et, bien que ce soit l'anniversaire de Grand maman et que l'on ait ajouté au repas un bon dessert, on ne jouit pas de calme car il s'agit une fois de plus de partir et, toutes ensemble nous songeons aux bagages à faire, aux petites questions à liquider et qui prendront beaucoup de temps.

Nous avions racheté quatre poules à notre propriétaire et nous en sommes embarrassées, des voisins veulent bien nous en reprendre trois et nous faisons un bouillon avec la 4ème. Il nous servira pour les pique-niques de la route. Je tâche de téléphoner au propriétaire pour l'avertir du départ : impossible. La voisine aura donc la garde de la clef et je m'oblige à écrire une carte à Mr Joubin.

Chacune de nous s'affaire à un petit travail et j'attends avec impatience l'heure où les enfants et Maman seront couchés pour avoir le calme nécessaire au chargement de l'auto ; cela nous mènera bien tard Maman Mie trouve toujours une raison p rester et pour donner des conseils inutiles ou faux. C'est donc à la nuit tout à fait tombée que je devrai ficeler au dessus de la voiture nos matelas, la batterie de cuisine (lessiveuse casseroles, seaux et brocs) chargement bien plus considérable qu'au départ d'Hauversberque ou de Desvres. Il s'y ajoute des légumes que nous emportons pour les besoins éventuels, du beurre etc... etc... J'ai pourtant résolu, malgré cet excès de bagages, d'installer tout le monde à l'aise — et je me suis fait "accessoiriste" d'auto en fabriquant un filet de cordes pour accrocher au plafond et y glisser manteaux ou chapeaux gênants en cours de route. En outre, une poche de toile à 3 compartiments attachée à la cordelière du siège avant permettra à Jeanne d'avoir à portée de main : couches propres, couches sales, et lait condensé, biberons, eau d'évian, thermos. Le berceau pliant de Philippe peut être nécessaire en route ; il faut le garder à portée de main ; je l'installe sur le siège avant en guise de dossier rembourré pour la personne assise près de moi. Bref dans le moindre détail, avec notre expérience du départ précédent, nous avons prévu tout ce qu'il faut afin que le voyage, si long soit-il, se fasse ~~dans~~ avec le maximum de confort.

Il fait très sombre à 11h½ le soir ; nous sommes surprises dans nos préparatifs au dehors par une pluie d'orage ; heureusement cette fois les matelas sont protégés : à la toile cirée d'Haversberque nous avons joint celle de la grande table d'Occagnes que nous "volons" à Mme Jouhin en lui laissant un dédommagement. Autre ennui pendant notre paquetage, il passe un avion, et nous devons camoufler notre lampe de poche ; on nous dira le lendemain que la gare d'Argentan a été bombardée cette nuit-là ; je n'en crois rien, car nous n'avons entendu aucune explosion....

Malgré ces travaux et fatigues, mon angoisse à ton sujet fait le fond de ma pensée, mon Ray chéri et même il se produit probablement par suite de ma fatigue nerveuse une sorte d'hallucination où (nuit du 11 au 12 juin) vers minuit, je crois voir ta tête appuyée sur fond de l'auto, à gauche, et si maigre, si pâle, si pâle surtout..... que sans en avoir parlé à personne, je garde de cette impression un souvenir terrifié. Mes conjectures intimes me font croire alors que tu es vivant mais soit blessé, soit épuisé de fatigue. Ma raison, il est vrai, proteste contre cette fantaisie de mes nerfs, mais l'impression demeure.

Vers 1h30 du matin, nous décidons de prendre un peu de repos. Ce sera plutôt inconfortable sans matelas et tout habillées mais je suis si fatiguée que je laisse passer l'heure du réveil ; alors que nous devions prendre le départ à 4h. il est presque 5 heures lorsque j'éveille la maisonnée ; à cause de tous les petits travaux de dernière minute, nous ne partirons qu'à 6 heures. Je me vois déjà en retard sur Mme C. et suis très ennuyée de lui apporter ce contre temps.

Nous arrivons vers 6h30 à Putanges; je laisse la vipère et ses occupants au bas de la côte ; probablement vais-je trouver là-haut une famille toute prête et impatientée de m'attendre

Je sonne. A une fenêtre du 1ᵉ étage apparaît en chemise de nuit et tout ensommeillée une Mme G. qui m'avoue n'avoir fait encore aucun préparatif. Moi qui sais quel temps demande le chargement d'une voiture, moi qui n'ai dormi que 2 heures ½, je vois qu'il me faudra recommencer ce petit travail pour une famille de cinq enfants. D'assez mauvaise humeur, je me mets cependant à la besogne. Mme G., partagée entre les sentiments les plus divers est réduite à néant et laisse sa bonne habiller les enfants tandis qu'elle m'indique vaguement la place des objets qu'elle emportera et parmi lesquels, outre le matériel que nous avons, nous aussi, figurent beaucoup de provisions (lait condensé, savon, conserves etc...) beaucoup de linge de maison, un appareil de T.S.F. très grand, une machine à écrire, une bicyclette. Comme vêtements et linge de rechange pour les cinq enfants, à peine une valise. Avec Jeanne, j'essaie de me reconnaître dans ce fouillis, de prendre l'essentiel, de faire songer Mme G. à ses papiers importants à des médicaments de première urgence etc... Cependant la petite Peugeot qu'elle prête à ses soeurs est équipée depuis la veille et ces dames attendent avec impatience que nous ayons fini ; une autre attente celle du ouvrier, pour avoir des nouvelles de leur mari leur fait passer le temps. Elles trouvent aussi moyen de se chamailler avec les enfants en haut, de faire crier et de faire taire les bébés de 4 mois. Cependant au bas de la côte, dans ma voiture Maman Mie, Grand'maman, tante Georgette et Philippe doivent eux aussi prendre patience. Je leur note parfois une parole de réconfort mais Maman n'a qu'une parole : "partons sans eux" "qu'elles se débrouillent !"... Grand'maman serait presque de cet avis. et le Klaxon entre en danse ! C'est pour moi vraiment la guerre des nerfs Vers 10 heures enfin, le départ ! Mais c'est un faux départ : la voiture de Mme C a besoin d'une petite réparation ; le garagiste doit y changer une roue ; cependant qu'il travaille, je vais installer plus confortablement les quatre "grands" de Mme C , je réajuste

le hamac, change la petite Anne... Je me
vois dès ce moment à la tête d'une caravane
de 3 voitures renfermant 17 personnes : sept
dans la nôtre ; 6 dans celle de Mme C,
deux sœurs (enceintes), la mère et un bébé dans la
petite voiture. Et je sens que toutes se
raccrochent à moi comme à une planche
de salut.

Où allons-nous ? Les avis sont partagés :
n'ayant plus de carte routière pour le
sud de la Loire et pas de relations non
plus, je me fie aux cartes et aux relations
de Mme C. Car elle a repris de l'assu-
rance et du sang-froid au volant de sa
voiture. Munie de ces cartes, c'est elle qui
prend les devants. Mais il faut que
bien souvent l'une ou l'autre des 3
voitures attende les autres : puissance ou vitesse
inégales, gêneurs qui se sont interposés dans
la file, petits besoins des grands enfants,
tétée ou pleurs des bébés. Tout cela fait
perdre bien du temps. À Midi, pour le
repas, nous ne pouvons nous arrêter tous dans

le même café, car les débitants n'ont plus rien à boire. Nous y restons, nous, car nous avons du cidre et du vin ; Mme C. s'en va plus loin. Tante Georgette, bien malade ce jour-là ne prend rien et ne quitte pas son coin dans l'auto. Philippe lui est confié et cela évite au poupon l'atmosphère atroce de ces petits cafés qui sentent toutes sortes d'odeurs ……

Quelques km plus loin, dans un café analogue, nous retrouvons la famille C. qui a déjeuné et se lance à présent, dans un fouillis de papiers, à la recherche de la carte grise de la petite voiture (car à chaque entrée de ville, des barrages de police demandent les papiers). Les sœurs de Mme rouscaillent ; l'une d'elles, la maman du bébé de 4 mois proteste contre un mélange accidentel des couches sales de la petite Anne avec celles de son bébé "je ne veux pas que ma voiture empeste" dit-elle (sa voiture est celle de Mme C. ainsi que les matelas, couvertures et linge qu'elle y a mis).

Atmosphère morale pénible, tu le vois et qui me fait souhaiter de rester seule avec Mme C.

tandis que, au contraire, dans ma voiture, on souhaiterait retrouver la liberté complète.

En route de nouveau vers... Angers. Mme G. pense comme moi que l'on devrait éviter les grandes villes et je propose d'aller à Segré ou dans les environs pour la nuit. On avisera vers 6 heures, lors du prochain biberon.

Auparavant, arrêt à Laval, ville magnifique et très animée à ce moment, ce qui lui donne presque un air parisien. Ma provision d'essence diminue ; j'en cherche, mais en vain ; on se désaltère puis on repart ; j'obtiens, cette fois, de prendre la tête de file et j'espère éviter ainsi des arrêts trop fréquents de la caravane. Jeanne et tante Georgette sont chargées de vérifier par la glace arrière si les autres voitures suivent toujours. Cela va bien jusqu'à un certain carrefour, dans une agglomération. Deux routes bifurquent, l'une vers Angers, l'autre vers Segré ; j'appuie vers Segré, croyant être suivie ; un peu plus loin, dans un petit bois, ne voyant rien venir ; je stoppe un long moment... mais rien ne vient ! Même arrêt à l'entrée de la ville de Segré... toujours rien ! Je trouve enfin de l'essence et m'approvisionne au maximum, puis je vais au centre d'accueil, laisser l'indication de mon passage pour le cas où la famille C   arriverait dans la soirée. Ensuite, je cherche du logement à l'hôtel. Tout est comble ; cependant des particuliers acceptent de louer des chambres aux clients de l'hôtel et c'est ainsi que nous échouons tous dans deux maisons ouvrières voisines, chez de braves gens très aimables, pourvus chacun d'une chambre magnifique. Dans un lit, Maman et moi ; à terre sur des piles couvertures Minou, si fatigué qu'il dormirait n'importe où. Philippe dans son petit berceau pliant. Dans la maison voisine, une chambre pour Grand'maman et tante Georgette, un lit-cage dans la salle à manger pour Jeanne.

Nous allons dîner dans un café-restaurant assez propre. De Mme C   ; aucune nouvelle au fond de nous, égoïstement, nous nous réjouissons : que de petites difficultés en moins. Mais je suis très inquiète pour elle ; je me mets à sa place et devine son embarras. Que faire ? Impossible de la retrouver maintenant. Je décide de rester à Isigny toute la matinée du lendemain pour prendre quelque repos et attendre.... Le soir même, Jeanne lave quelques couches qui sécheront le lendemain matin dans le petit jardin de nos logeurs. Quel bonheur de trouver là, près de notre chambre, un lavabo à eau courante où nous pourrons nous rafraîchir. Quelle quiétude, par cette belle soirée d'été, que la vue du calme paysage aperçu de nos fenêtres ! Comme je vais bien dormir !

Mais, est-ce un cauchemar ? Voici que je crois entendre, en rêve, un grand remue-ménage dans la rue et même... oui, c'est cela ! un bruit de sirène ! Je bondis à la fenêtre et j'interroge les passants ! Oui, c'est bien une alerte ! Non, il n'y a pas d'abris dans le quartier! La seule solution est de fuir dans les champs des environs! Oui mais il tombe justement une grosse pluie d'orage! Que faire ? mon Dieu! Que faire ? Un hôpital militaire très voisin est une cible que, disent les bobards du pays, la radio de Stuttgart a menacé voici quelques jours. Et voici que j'entends passer un sinistre oiseau! Maman dort; je l'éveille et lui recommande de s'habiller, de mettre un bon manteau; moi-même, je m'habille très rapidement et cours à la maison voisine réveiller Jeanne, tante Georgette et Grand'maman; je demande que Jeanne vienne aussitôt pour m'aider à emmener l'un des enfants si la nécessité s'en présente. Puis je prépare mes deux petits endormis à qui (je crois m'en souvenir) je mets des bas, un paletot ou un manteau, sans troubler aucunement leur sommeil; puis je prépare pour envelopper l'un son burnous, pour l'autre mon vieux manteau de fourrure. Cependant Maman qui cherche ses vêtements, bougonne, réclame mon aide ; nous grelottons d'avoir été ainsi tirées d'un si profond sommeil. Dehors, la pluie tombe toujours, pas de bruit d'avion, mais une atmosphère d'angoisse. Que faire ? que faire ? Peut-être sommes-nous vraiment en péril ? J'ai entendu, à peine éveillée tout à l'heure un bruit de bombardement dans le lointain. peut-être bientôt ce bruit sera plus proche de toute ma peur, de toute ma crainte des responsabilités présentes, j'adresse au ciel de ferventes prières et deux heures se passent ainsi ; je lutte mal contre le sommeil... tiens ! l'avion repasse ! Bon ! voilà la fin de l'alerte ! Dormons ! enfin !...

Nous apprendrons le lendemain matin qu'une bombe est tombée à 3 km de là près d'une usine métallurgique mais n'a réussi qu'à tuer une vache dans un pré. Nous en aurons été quittes pour la peur. Mais moi qui croyais être en pleine sûreté dans cette charmante petite ville, me voici résolue à éviter désormais pour

les haltes importantes, toutes les agglomérations.
  La matinée du lendemain, je l'emploie uniquement à refaire, à consolider le chargement, dans le garage de l'hôtel tandis que Jeanne reste avec Philippe chez nos logeurs et que les grands-mères déjeunent et prennent plusieurs tasses de bon café ensemble au café de l'hôtel. Tante Georgette avec Minou, fait pour moi différents achats : épingles de sûreté, toile cirée pour protéger mieux les matelas. Dans la cour de l'hôtel, parfois des curieux s'arrêtent pour s'étonner ou s'effrayer des acrobaties de cette jeune femme juchée sur le toit d'une auto et jonglant avec une voiture d'enfant, des seaux et brocs, une énorme lessiveuse etc... qu'elle ligote, ficelle, assujettit avec un sérieux de déménageur ! L'un d'eux a tout de même la pensée de m'aider à tirer et à nouer les cordes les plus importantes, celles qui maintiennent le tout. Après trois heures de ce travail, je me déclare enfin satisfaite. Il est presque midi, on fait les achats pour le déjeuner puis on

repart.' Étape moins fatigante ce jour-là puisque nous ne courirons que 125 km environ.

Vers 17h nous sommes à Cholet et j'ai hâte de dépasser cette ville importante, trop heureuse déjà d'avoir franchi la Loire (à Chalonnes s/Loire) mais voulant éviter aussi les routes nationales, le voisinage des lignes de haute tension, je m'enfonce au hasard dans le bled et nous voici dans la campagne vendéenne. Nous nous étonnons de voir dans ce morne paysage le lent travail des boeufs de labour qui rentrent à la ferme, ces jolies bêtes au pelage blond et qui dans ces régions remplacent le cheval. Le hasard nous mène à "La Boissière", petit village où deux auberges très propres se partageront notre caravane. Une chambre exquise de blancheur et de propreté paysanne nous est d'abord offerte : deux lits éblouissants, un parquet luisant comme un miroir, quel réconfort pour les excursionnistes misérables que nous nous sentons! Dans l'un de ces lits, Minou dormira avec Jeanne. Maman partagera l'autre avec moi. A l'autre auberge, tante Georgette et Grand'Maman ont aussi une très belle chambre et une grande propreté! Il était temps que nous nous fixions là, car une caravane de 17 réfugiés en 3 voitures arrive après nous et devra se contenter des restes! L'aubergiste, une femme très serviable nous a offert pour nous seules la salle à manger du fond, l'usage du poste de T.S.F. et la permission de prendre dans ses buffets vaisselle, couverts et tout ce qu'il nous faut pour consommer les provisions que nous avons apportées. Une cuisinière électrique (je crois!) dans une cuisine rutilante permet de préparer viandox, biberons pour la route etc... Bref, dans une campagne reposante, un accueil charmant, un certain confort. L'âme rasserénée, après avoir mis coucher les petits je fais un petit tour dans le village avec tante Georgette. Eglise importante, cimetière parfaitement entretenu, tout fait songer déjà à la légendaire piété vendéenne. J'en aurai le témoignage le lendemain matin lorsque j'assisterai à la messe de 8 heures. Paysannes recueillies dans leur grande mante, communions nombreuses, on se croirait plutôt dans une claire chapelle de couvent plutôt que dans une église de village, un jour de semaine. Avec quelle ferveur communicative tous s'unissent et prient pour la France. Comme je pense à toi, mon chéri ! Toi ! Où es-tu ? Mort peut-être, dans un pli de terrain de notre Nord ? Un héros de la guerre, une victime de la guerre... ces clichés n'ôtent rien à l'horreur de cette pensée qui se présente si souvent à mon esprit : oui, peut-être le grand corps que j'aime, dont je me rappelle encore la chaleur, le doux visage, les yeux clairs et beaux... oui peut-être !..... Mais alors, l'esprit, l'âme qui me sont si intimement liés, cette âme immortelle que le sacrement de mariage a si merveilleusement unie à la mienne, pourrait-elle de l'au-delà, rester muette ! ne pas me faire comprendre qu'il n'y a plus d'espoir sur cette terre ? Serait-ce possible qu'un jour on m'apprenne cet affreux malheur et que je n'en sache rien, de moi-même, à présent ? Non, je ne le crois pas ! Et pourtant, mon Dieu, si vous le voulez, je dis comme Jésus au jardin des Oliviers : il le faut, vous le voulez Fiat ! Peut-être ne demandez-vous, dans l'incertitude atroce où je suis, que cette résignation volontaire ; je crois, je suis sûre qu'il vit. Pourtant, puisque, déjà, vous pourriez me l'avoir enlevé, je considère comme un second présent que vous me faites de sa personne l'espoir que j'ai de le retrouver un jour. Et puisque ces heures de souffrances aiguës sont la première occasion que j'ai de me montrer chrétienne à fond, non seulement je veux l'être en ce moment mais je sens que plus tard, notre vie commune devra changer un peu, que nous serons obligés, en souvenir du passé, d'être plus chrétiens. Mais je m'appesantis ici sur des pensées qui ne sont pas spéciales à cette messe de La Boissière.

Suite des souvenirs
rédigée en 1980 (décembre)

J'ai oublié le détail de la route qui nous mena à notre refuge, de

"Nous avons dû y arriver un soir de juin (vers le 12 ou 13 ?) _ et comme d'habitude contacter les gens du bourg afin d'obtenir un gîte provisoire. Le curé, également, consulté dans son église, réfléchit, s'émeut devant notre groupe (vieilles dames, bébés et aussi jeune femme apparemment très résolue !.. le tout laissant supposer du "bon monde"...) Il parlera de nous à ses bons amis qui sont logés bien au large dans une propriété à 5 minutes du centre, au lieudit "Nous ne tardons pas à y être admis. En effet, la grande maison comporte deux parties et la famille occupe alternativement le "côté été" ou le côté hiver. Actuellement ils craignent la réquisition par les troupes des pièces qu'ils n'habitent pas. Et nous voici bientôt installés dans une sorte de grand appartement : énorme cuisine rustique avec feu de bois et "potager" c.à.d réchaud de céramique où des alvéoles sont aménagés pour le mijotage des cuissons lentes après leur passage dans la cheminée – Très belle salle à manger aux meubles de merisier – chambre assez vaste au rez de chaussée et petit dégagement où Jeanne dormira – Au 1er étage une grande et belle chambre pour tante Georgette et Grand Maman – L'ensemble est à la fois cossu et des plus rustiques en ce qui concerne les commodités de la vie. Pas d'eau courante bien sûr ! Quant aux lits, je laisse à Maman celui de notre chambre commune et je dormirai pendant six mois par terre, près d'elle, sur nos matelas d'exode (que les puces envahissent très vite !) Les enfants ont leur petit lit dont l'un fut prêté par Mme

Autour de la maison la campagne très calme ; par derrière des prés ; devant un joli parc aux arbres splendides ; nous y passerons de bonnes après-midi d'été en tricotant pour le prisonnier (quand nous aurons de ses nouvelles c.à.d. en août seulement!) A côté de ce parc d'agrément, la cour de ferme qui n'en est séparée que par une légère grille. D'où l'incident de la vache de Philippe. Un bel après midi où nous étions tous et toutes réunis dans le "rond d'ifs", une vache "en chaleur" poussée par je ne sais quelle folie entra dans le parc et sautillant sur ses pattes-avant (entravées selon la coutume du pays) s'approcha de notre paisible groupe. Débandade générale... je n'ai que le temps d'attraper et d'emmener trois pas plus loin le calme bébé de 8 mois qui dormait dans ses jolis draps bleu-pâle. Interdite, la vache se retourne lève la queue et dépose sur l'oreiller de Philippe la bouse la plus fraîche et la plus énorme que l'on puisse imaginer. Disons que cela lui porta bonheur!

La famille G   se compose d'une grand'mère (65 à 70 ans) de genre très distingué, de sa fille héritière des lieux et qui s'est mariée avec un bureaucrate parisien reconverti à l'agriculture et à la viticulture. Ce ménage a 3 enfants : (,   17 ans),   , (11 ans) et le jeune   ) assez turbulent, tandis que les grandes sœurs sont plutôt calmes. La propriété comporte, je crois, environ 30 hectares dont beaucoup sont consacrés à la vigne — ce qui nous donnera, en octobre, le plaisir d'aller aux vendanges. Il y a aussi du blé et nous aurons une journée (au moins) de battage, en août, avec une quarantaine d'ouvriers et de propriétaires voisins qu'il a fallu nourrir (gros souci pour la famille en ces débuts de restrictions). Il y a 6 vaches, 9 au maximum, dont le lait est ramassé tous les jours pour aller à la Coopérative. Pas de travaux de laiterie, donc, sauf la confection d'un "beurre maison" (1/4 de livre maximum) avec la crème du lait bouilli, recueillie chaque jour dans un bol. Ce procédé m'instruit et je l'utiliserai par la suite dans les "jours noirs", après le retour en ville.. Pour la viande, tout dépend du cochon, animal dont Mme S   la grand-mère détaille les mérites et les avantages (avec l'intonation du faubourg St Germain). On n'achète de la viande à la boucherie qu'une fois par semaine (un kilog. pour 7 personnes). Ce genre de petites économies m'étonne ; et inversement notre train de vie, à nous misérables réfugiés, doit les surprendre aussi. Ils sont pourtant très généreux avec nous (légumes, œufs, lait) – et nos finances ne sont pas encore trop basses. Après un ou deux mois je pourrai toucher mon traitement par la trésorerie de C   .

Mais nous n'en sommes pas encore là Et peu s'en faut que nous n'en soyons délogés. En effet, l'avance allemande s'est poursuivie. Le 23 juin tandis que nous dînions, un officier germanique vint nous trouver pour nous dire de repartir chez nous - On me donnerait de la benzine pour la voiture.... Par bonheur, une autre propriété, plus vaste, mieux située fut offerte à ces messieurs et nous pûmes rester là.

La radio des   diffusa le 18 juin l'appel de de Gaulle - Les journaux locaux donnaient de beaux portraits de Pétain et détaillaient les conditions d'armistice. Réactions bien diverses; grand Maman admirait le noble vieillard. Moi, je rouspétais "J'aurais préféré rester 5 ans sans revoir mon mari, mais que la France ne soit pas vaincue" - Le Ciel m'a prise au mot; et je les ai eus mes 5 ans!

NOTE
SUR LES NOMS DE PERSONNES

De nombreux noms de personnes ont été laissés dans le texte, notamment au début, leur mention ne semblant pas devoir poser de problème.

Certains noms ont été par contre occultés, notamment à la fin.

Au cas où un lecteur estimerait qu'un nom propre a été laissé visible à tort, il sera facile de procéder à une édtion révisée du livre en cachant ce nom.

Philippe LESTANG

La photo de couverture est de Juillet 1941, toujours loin de Valenciennes !

4